Mi
querida
+ Julianita

# Julianita es una niña muy encantadora que ama

y piensa de manera pura. Acompañada de su abuelita, aprende el respeto, el amor y la paciencia. Tanto para la abuelita como para Julianita, Pachamama y Padre Sol son los mayores maestros. Los eventos relatados en este libro tienen lugar al pie de los Andes, un lugar mágico y lleno de historia que guía incluso hoy en día a las personas con su poder, amor y grandeza. La naturaleza siempre ha sido sagrada para la humanidad y debe ser respetada, amada, protegida y reconocida.

Julianita pasa su tiempo libre con su abuelita, y la casa de la abuelita está justo al lado de un río. Este río que fluye siempre sin importar los obstáculos que se interponen en su camino, se adapta y alimenta la vida de todas las criaturas y plantas circundantes. El cóndor es una criatura poderosa y amada por la abuelita y Julianita. A veces, viene a vigilar la casa de la abuelita y grita para despertar a Julianita.

En conexión con la naturaleza, Julianita siempre se despierta feliz y bendecida porque sabe que nunca está sola. Pachamama la cuida y Padre Sol la acaricia con sus rayos y la calienta. Julianita siente el amor en toda su grandeza. La abuelita siempre lleva un chal sobre los hombros y tiene un vestido abombado en las mangas, ajustado en la cintura y ancho hacia abajo. Siempre está decorada con colores vivos: lila, verde, azul, turquesa. El pelo de la abuelita es gris y siempre está recogido en un moño trenzado del que algunas hebras caen a los lados. Su rostro es arrugado y luminoso, sus ojos negros emanan amor y siempre tiene una sonrisa en la comisura de los labios.

# Valores implícitos

Respeto por la naturaleza, amor intergeneracional, gratitud, perdón, empatía y conexión espiritual con el entorno. La historia enseña a valorar las diferencias, a cultivar la paciencia y a encontrar consuelo en la sabiduría ancestral y el afecto genuino. Cada personaje, animal y paisaje representa una oportunidad para comprender el poder de la ternura, el cuidado mutuo y el lenguaje del corazón más allá de las palabras.

# Mi querida Julianita

## IULIANA MOISĂ

### ILUSTRADO POR ADRI VALENZUELA

# La abuelita y Julianita

Julianita solía ir cada verano a la casa de su abuelita. Le encantaba pasar los veranos allí. La abuelita era muy cariñosa y Julianita sentía que la quería mucho. Le gustaba la suave piel de su abuela, sus ojos negros que la miraban llenos de amor y su cabello gris recogido en un moño trenzado del que siempre caían algunos mechones sueltos.

La abuelita vivía en una pequeña casa con dos habitaciones y
una cocina. Pasaba mucho tiempo en la cocina y siempre tenía algo
bueno preparado para Julianita. Cuando el sol brillaba y calentaba la
pared de la entrada de la casita de la abuelita, las dos se sentaban
en dos sillas de paja y disfrutaban del sol. Entre ellas ponían una
mesa de paja, donde colocaban el té que preparaban juntas.

La abuelita vivía en el lugar más hermoso que Julianita había visto jamás, justo al pie de los Andes. Estas montañas se extendían por todo el continente sudamericano y eran un milagro de la naturaleza, que Julianita y la abuelita contemplaban desde lejos cada día. Toda la vegetación alrededor de la casa de la abuelita era verde. Por la noche, la actividad favorita de ambas era admirar las estrellas. El cielo estaba tan lleno de estrellas que, a menudo, cuando la abuelita quería mostrarle a Julianita una estrella particularmente hermosa, no podía hacerlo, porque inmediatamente veían otra cerca de ella.

La casita de la abuelita estaba un poco alejada del pueblo más cercano. Allí es donde se habían establecido sus antepasados y ahí se había quedado ella. Había mucha paz en ese lugar, solo se escuchaban los pájaros y el sonido de un río cercano.

La abuelita tenía un caballo llamado Nacho con el que Julianita jugaba muchas veces. Nacho tenía paciencia con ella y cuando Julianita lo molestaba demasiado, le tiraba suavemente de la ropa con los dientes, pero nunca la mordía. Julianita sabía que eso significaba que tenía que respetarlo y dejar de molestarlo. Así que cada vez que Nacho la corregía, Julianita le daba un beso en la nariz y lo dejaba descansar.

# Pachamama

Una mañana, Julianita miraba hacia las montañas de los Andes que se veían a lo lejos desde la casa de su abuelita. Se acercó a su abuelita y le dijo:

—Abuelita, por favor, cuéntame de nuevo sobre los Andes.

En ese momento, la abuelita estaba preparando chocolate caliente con leche. Vertió el chocolate caliente en dos tazas y las llevó al patio, colocándolas en la mesa. Luego, la abuelita tomó a Julianita en brazos.

—Ay, Julianita, los Andes son la cadena montañosa más larga del mundo. Son unos hermanos unidos y mágicos que protegen a la Humanidad y a través de los cuales Pachamama nos bendice.

—Pero abuelita, ¿cómo podría Pachamama o un musgo de árbol amarnos?

—Pachamama no puede hablar, Julianita, porque no tiene boca, pero nos puede mostrar con señales que nos ama, como cuando canta el guacamayo o cuando sopla el viento.

—¿Y qué nos dice el viento?

—Pues depende de lo que le preguntemos. Mira, por ejemplo, hoy el sol brilla y un cóndor vuela sobre la cresta de la montaña. La abuelita señaló hacia una cima de montaña donde un cóndor volaba en círculos. Así, Pachamama nos bendice y nos dice que nos protege.

—¿Con un cóndor, abuelita?

—A veces es un cóndor, otras veces un árbol por el que sopla el viento y mueve las hojas, solo tenemos que escuchar.

—¿Y cómo podemos hablar con Pachamama nosotros?

—Nosotros, que tenemos boca, podemos hablar directamente con ella y decirle cómo nos sentimos. Mira, por ejemplo, yo ahora digo así: «Gracias, Pachamama, por mi querida nieta que me ilumina cada día y me hace muchas preguntas».

—Ay, abuelita, eres muy divertida. También quiero decirle algo.

—Pues díselo tú, Julianita.

—Gracias, Pachamama, por mi abuelita y por Nacho, mi caballito, que a veces quiere mucha avena, pero lo quiero mucho.

La abuelita comenzó a reír y dijo—¡Bravo, Julianita! Ahora no te olvides de Padre Sol. También debemos agradecerle al padre Sol, que es nuestro padre y nos da calor y luz.

—Gracias, Padre Sol, por la luz. Te quiero.

# Padre Sol

Una mañana, Julianita estaba jugando con Nacho y afuera hacía mucho calor y sol. Julianita, sudorosa después de perseguir a Nacho por donde él estaba, fue hacia su abuelita y le dijo:

—Ay abuelita, estoy cansada de tanto sol, quisiera que afuera se enfriara un poco.

—Julianita, pero el Sol está aquí para darnos calor y deberíamos estar agradecidas por lo que nos da.

—Pero abuelita, ¿el Sol es tan importante?

—Sí, Julianita, sin el Sol no habría vida en la Tierra, nos calienta y ayuda a que las plantas crezcan. Pachamama necesita a Padre Sol, porque sin él, nosotros no podríamos existir.

—Pero a veces hace demasiado calor, abuelita.

—Así es, a veces hace demasiado calor, pero deberíamos estar agradecidos de que Padre Sol está sobre nosotros, nos acaricia con sus rayos y nos calienta. Las plantas, los animales y los seres humanos necesitan al Sol.

—Abuelita, ¿tú hablas con Padre Sol?

—Claro que sí, Julianita, siempre hablo con él.

—¿Y qué le dices?

—Le agradezco por iluminar mi camino y, a veces, le cuento mis preocupaciones.

—Ay abuelita, ¿podría yo empezar a hacer eso también?

—Muy bien, Julianita, así sabrás que nunca estás sola y que siempre tienes a Padre Sol y Pachamama a tu lado.

—Qué bien, abuelita, que no estoy sola.

Julianita se fue y abrazó a su abuelita.

—Ahora sé que tengo a mamá y papá, a ti, abuelita, a Pachamama y a Padre Sol.

# Tucano y guacamayo, una amistad única

Nacho era el actor principal en la casa. Ayudaba a la abuelita a llevar cosas o la transportaba adonde ella necesitaba. Un papel muy importante que tenía Nacho era ser un amigo querido y de confianza para Julianita. Siempre la vigilaba desde un rincón y, en ocasiones, cuando hacía travesuras y estaba cerca de Nacho, Julianita se volvía hacia él, sus miradas se encontraban y por la forma en que Nacho la miraba, Julianita sabía que había cometido un error. Siempre iba hacia él y se disculpaba, explicaba por qué había hecho las cosas, y Nacho le daba un resoplido y empujaba su nariz contra su pelo. Así, Julianita sabía que Nacho la había reprendido amorosamente para que fuera más consciente de sus acciones.

Además de Nacho y del cóndor que a veces sobrevolaba los alrededores de la casa de la abuelita y dejaba oír su voz, había familias de aves, guacamayos y tucanes, que vivían en un árbol cercano.

En la zona donde vivía la abuelita, había muchos árboles frutales, así que no era raro verlos cerca de las casas. En ocasiones, la abuelita y Julianita escuchaban a los tucanes discutiendo o hablando ruidosamente como lo hacen. A menudo jugaban con las frutas, las lanzaban hacia arriba con sus grandes picos y luego las atrapaban para comenzar a masticarlas. A Julianita le fascinaba este juego y siempre se divertía viéndolos así.

También estaban las familias de guacamayos o loros macaw, como se les llama en otras regiones. Estas aves eran muy inteligentes e imitaban sonidos que escuchaban. A veces, incluso imitaban a la abuelita cuando llamaba a Julianita. La abuelita se divertía mucho con la forma en que la imitaban.

Además de ser hermosas, estas aves estaban coloreadas en un potente amarillo, azul turquesa y verde, lucían como joyas en las ramas de los árboles. Había algo especial, una amistad entre un tucán y un guacamayo. Pasaban la mayor parte del tiempo con sus grupos y familias, pero al menos una hora al día se encontraban en una rama de un árbol y gorjeaban en su propio idioma. Algunas veces, se acercaban y se empujaban, pero nunca demasiado fuerte. Otras veces, se quedaban dormidos así. Esta amistad duraba desde hacía años y entre las aves era algo bastante extraño. La abuelita nunca había visto algo así, aunque conocía a ambas aves, habían crecido ante sus ojos y las dos eran amables e inteligentes. También eran divertidas cuando comenzaban los juegos mencionados antes.

Un día, Julianita miraba desde el porche a los dos amigos, habían venido a una rama cerca de ella, y los miraba fascinada por los colores de sus plumas. Sobre todo, con mucha curiosidad por la inusual amistad.

La abuelita acababa de llevar algunas ropas recién lavadas para colgarlas en un alambre cerca de Julianita y la había observado concentrada en las dos aves.

La abuelita comenzó a colgar la ropa y tarareó una canción sobre Pachamama.

—Abuelita, ni siquiera te había notado.

—Te vi, Julianita, estabas muy concentrada. ¿Qué estabas mirando?

—Abuelita, desde que era pequeña, veo al guacamayo y al tucán que son amigos y me preguntaba cómo sucede eso.

—¿A qué te refieres, Julianita?

—Bueno, ¿quién ha escuchado hablar de dos pájaros de familias diferentes que sean amigos?

La abuelita comenzó a reír.

—¿Por qué no, Julianita?

—Porque tienen plumas diferentes, probablemente ni siquiera hablan el mismo idioma. Tal vez ni siquiera tienen los mismos gustos.

—Ay, Julianita, pero eso no significa que no puedan ser amigos. Significa que a pesar de las diferencias que mencionaste, ellos consideraron que era más importante ser amigos y encontrar una manera de entenderse.

—No entiendo.

—Bueno, yo soy mayor que tú y, sin embargo, nosotras dos podemos hablar.

—Sí, pero sabemos el mismo idioma.

—Así es, pero cuando eras pequeña, tú no sabías hablar y, sin embargo, nosotras nos entendimos. Te amé y te cuidé.

—Sí, eso es verdad.

—Ay, Julianita, ellos son pájaros y no son enemigos, es decir, no están creados para comerse unos a otros y, a veces, surgen amistades inusuales. De la misma manera, tú y yo tenemos cabello diferente, el mío es gris y el tuyo es negro.

—Así es, abuelita. Ahora entiendo que, aunque a veces seamos diferentes, no significa que no podamos entendernos.

—Así es, Julianita. En los humanos sucede todo el tiempo que nos entendemos, porque podemos aprender el idioma y podemos hablarnos. En los animales no sucede tan a menudo, por eso deberíamos valorar lo que vemos. ¿Quién hubiera pensado que un tucán y un guacamayo podrían ser amigos? Y, sin embargo, aquí están frente a nosotros. Y qué hermosos son.

—Sí, abuelita, me encanta verlos.

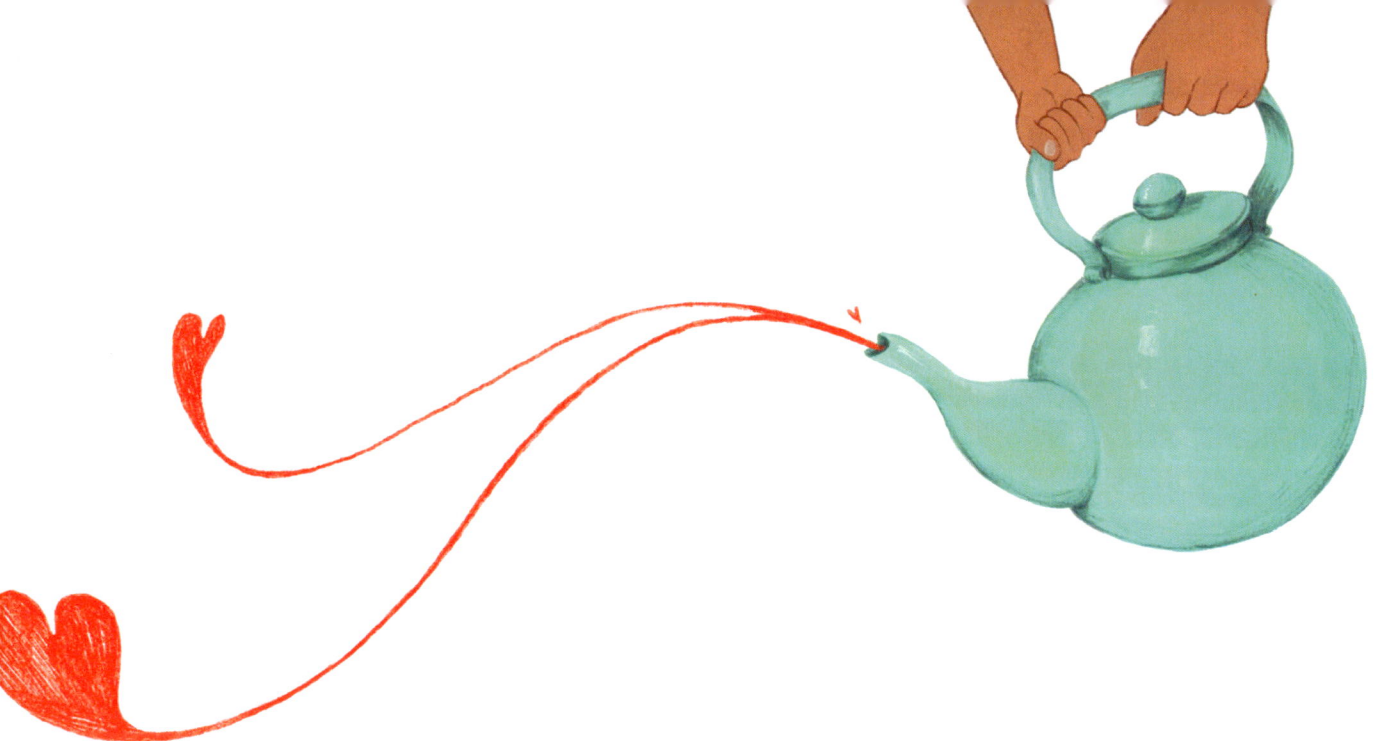

# El amor

Un día, Julianita se despertó aún más enérgica de lo habitual. Rápidamente tomó sus zapatillas después de levantarse de la cama y corrió a la cocina, donde la esperaba la abuelita, como de costumbre, con mandioca perpelita arrugada fijada como le gustaba a Julianita. El cacao caliente ya estaba sobre la mesa, en el lugar donde solía comer su comida Julianita.

La abuela tomó una taza de té y la puso sobre la mesa.

Julianita entró con velocidad y abrazó a su abuelita con todas sus fuerzas.

—Ay Julianita, tienes un poco más y me llevas abajo —dijo la abuela y comenzó a reírse. Tomó a Julianita en sus brazos y le dio un beso en la mejilla y un suave abrazo durante mucho tiempo.

Julianita sonrió y se sentó en su lugar en la mesa.

—Ay abuelita, no quería hundirte, pero quería venir y abrazarte con todo mi corazón. Quería mostrarte que te amo.

—Mi querida niñita, sé que me amas.

—¿Cómo sabes eso, abuela? No te lo digo todos los días y, a veces, creo que no lo sabes o quizás te olvidas.

—Ay niñita, pero no tienes que decírmelo, lo siento. Veo en tus hermosos ojos la luz de tu amor, lo siento, como cuando sientes el viento, no lo ves, pero sabes que existe.

—Pero el amor no es viento, abuelita.

—No, querida, el amor no es viento, el amor puro y sincero, como el nuestro, no pasa como el viento. Fue solo un ejemplo para que entiendas que no tiene por qué ser algo que vemos, es suficiente con sentir.

—No sé qué decir, abuela, porque también amo a Nacho, pero es un animal y creo que no puede sentir lo que tú sientes. Eres un hombre.

—Niñita, pero el amor no es solo para la gente, el amor es para todos estos seres y todo lo que Pachamama y Padre Sol nos dan. Así que, estoy seguro de que Nacho sabe que lo amas, lo siente. Nuestro amor no tiene límites, a menos que queramos ponerle límites.

—Pero, ¿qué papel juega el viejo amor? Quiero decir, ¿además del hecho de que siempre nos reímos y estamos juntos?

—Bueno, por amor nacemos y eso nos da sentido.

—A veces, tengo miedo de que mi madre no me quiera si hago algo estúpido en casa o no soy buena en la escuela.

—Ay niñita, pero el amor verdadero no desaparece. En ningún caso desaparece porque rompiste una taza o porque no respondiste correctamente. Está ahí y siempre lo estará.

—El amor está en nuestra naturaleza, Julianita. Es lo que nos une a la Pachamama y al Padre Sol, porque somos parte de ellos.

# Perdón

Un día, Julianita, mientras intentaba darle de comer a Nacho, tropezó y lo golpeó en la pata delantera. Nacho relinchó de dolor y tiró más fuerte de su ropita, haciendo que Julianita también tropezara y cayera. Julianita se asustó, se levantó rápidamente y corrió llorando hacia la abuelita.

—¿Qué pasó, Julianita? —preguntó la abuelita a la niña.

—Ay, abuelita, Nacho ya no me ama.

—¿Por qué dices eso, mi niña? —le preguntó mientras la abrazaba.

—Porque me tiró fuerte de la ropita y caí.

—¿Pero por qué te tiró de la ropita?

—Porque tropecé y lo golpeé en la pata.

—Ay, mi niña, por eso te tiró de la ropita. Nacho no puede hablar y no sabe cómo decirte cuando le duele algo. Además, Julianita, el amor de Nacho no desaparece tan fácilmente. La gente comete errores, pero eso no significa que sea definitivo.

—¿Quieres ir ahora a ver cómo se siente?

—Sí, quiero, pero tengo miedo de que todavía esté enojado conmigo.

—Bueno, si todavía está enojado contigo, lo veremos y volveremos más tarde.

—De acuerdo, vamos a verlo.

Nacho estaba comiendo con ganas. Cuando sintió que se acercaba Julianita, a quien apreciaba mucho, relinchó de alegría como lo hacía cada mañana cuando la veía.

Julianita todavía estaba asustada, pero sentía la bondad en la voz de Nacho, como lo hacía cada día.

—Julianita, —dijo la abuelita—ve a Nacho. Creo que te está esperando.

Cuando Nacho escuchó su nombre, levantó la cabeza y asintió hacia Julianita.

—No puedo, tengo miedo, ¿y si me tira de la ropita de nuevo?

—Bueno, vamos a ver, ¿cuántas veces te ha tirado Nacho de la ropita sin motivo?

—Nunca, generalmente me tira cuando lo molesto.

—Entiendo, y hoy te tiró fuerte porque lo golpeaste por accidente, ¿verdad?

—Sí, abuelita.

—Entonces pienso que, como de costumbre, Nacho no te tira de la ropita sin motivo y ahora no tiene ninguno. Además, cada mañana espera que te despiertes y vayas hacia él. Y eso es lo que haces todas las mañanas después de darme un abrazo, vas hacia él.

—Así es.

Nacho miró a la abuelita y a Julianita, esperando una respuesta.

—El hecho de que tengas miedo, Julianita, no significa que no debas intentarlo, porque como hablamos, Nacho te ha demostrado hasta ahora que no tienes por qué temerlo y él ya ha olvidado lo que pasó.

—Así es, abuelita.

Julianita empezó a dar pasitos hacia Nacho y él relinchó de alegría de nuevo.

Cuando Julianita escuchó eso, corrió hacia su hocico y lo abrazó como hacía cada día. Nacho esperó pacientemente como siempre.

—Abuelita, —dijo Julianita—no entiendo por qué ya no está enojado conmigo.

—Ay, Julianita, pero no creo que Nacho haya estado enojado contigo en algún momento, solo le dolía la pata y estaba tratando de decírtelo.

—Aunque las personas o los animales pueden enojarse a veces, eso no significa que deban guardar rencor.

—Entiendo, abuelita, aunque estuvo un poco enojado, Nacho me ha perdonado.

—Jaja, sí, Julianita, más o menos.

# Soledad

Una mañana, Julianita se despertó muy lentamente. No quería salir de la cama, sentía que no tenía ánimos para nada y, por primera vez desde que venía a la casa de abuelita, se sintió triste.

La abuelita estaba preparando el chocolate caliente cuando la vio llegar. La cara de Julianita estaba un poco desanimada y la abuelita se acercó a ella y le preguntó:

—Julianita, ¿qué te pasa?

—Abuelita, me siento muy sola. Aquí no hay niños con los que jugar, y me siento como si estuviera sola en toda esta selva.

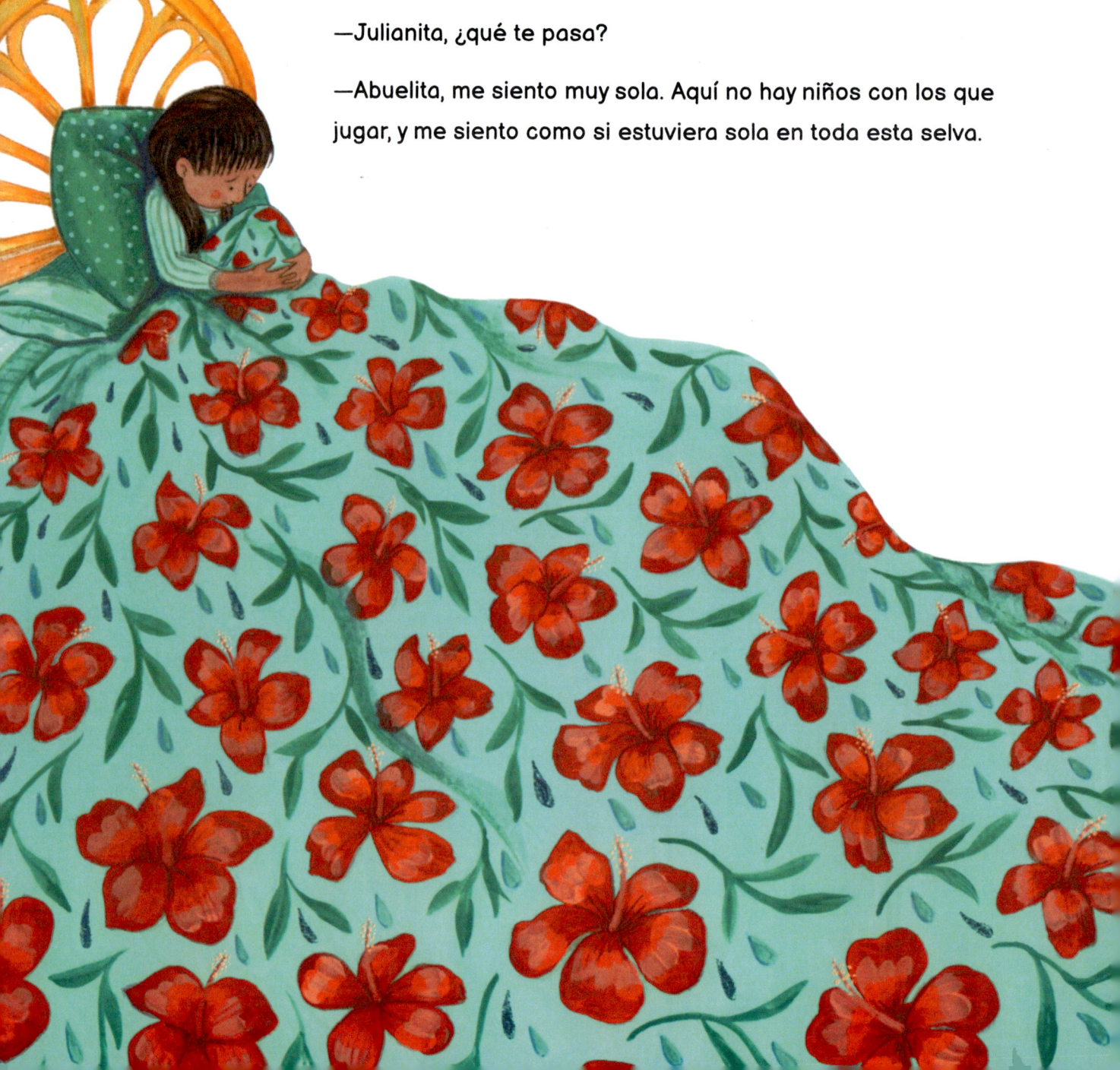

—Julianita, es perfectamente normal querer estar con otros niños, jugar, reír, cantar, pero debes saber que nunca estás completamente sola. Ahora mismo, eres simplemente la única niña en esta área.

Julianita miró a la abuelita, sorprendida, y le preguntó:

—¿Qué quieres decir, abuelita? Estoy completamente sola. Quiero decir, sé que te tengo a ti, pero si tú fueras al río con Nacho a buscar agua y yo me quedara en casa, estaría completamente sola.

La abuelita sonrió, tomó la mano de Julianita y le dijo:

—Julianita, déjame mostrarte algo.

En la esquina derecha de la casa de la abuelita había un árbol que tenía ramas bajas. La abuelita estaba parada frente a él, sosteniendo la mano de Julianita.

—Dime, Julianita, ¿alguna vez has pasado por aquí cuando ibas al refugio de Nacho?

—Sí, abuelita, siempre paso por aquí.

—¿Y alguna vez has pasado tan cerca que las ramas de este hermoso árbol te han tocado?

—Sí, abuelita, siempre que tengo prisa, termino golpeándome la cabeza con sus ramas.

—Querida Julianita, cuando las hojas de este árbol te tocan, debes saber que Pachamama te está acariciando.

—¿Qué quieres decir, abuelita?

—Quiero decir que este árbol es parte de Pachamama, y Pachamama siempre está contigo. Cuando vayas al río y escuches el sonido del agua, debes saber que ella está hablando.

—¿Sabes cuando el sol brilla fuerte y nos sentamos afuera en las sillas, bebemos té y nos calentamos tan agradablemente?

—Sí, abuelita, es uno de mis lugares favoritos. Me encanta sentarme afuera contigo.

—Ay, Julianita, también me encanta sentarme contigo, pero debes saber que no estamos solo nosotras dos entonces.

—¿Qué quieres decir, abuelita?

—Quiero decir que cuando los rayos del sol nos tocan la cara, debes saber que Padre Sol nos está acariciando.

—Abuelita, ¿quieres decir que Pachamama y Padre Sol están con nosotros?

—Sí, Julianita, siempre están con nosotros, nunca estamos solos. Cada vez que te sientas sola, mira al cielo, ahí está Padre Sol. Y cada vez que mires la naturaleza y veas árboles, montañas, sientas el viento, debes saber que Pachamama está contigo.

—Ay, abuelita, me alegra mucho que me hayas dicho esto, Pachamama y Padre Sol son muy queridos para mí, y ahora sé que los tengo conmigo.

—Seguro, Julianita, siempre están contigo.

Las estrellas y nuestros ancestros

Una noche, la abuelita y Julianita estaban sentadas en la terraza de la casa con tazas de chocolate caliente en la mano. Las estrellas brillaban en el cielo y la luna llena también.

—Abuelita, ¿cómo es que las estrellas brillan tanto en el cielo? —preguntó Julianita.

—Porque están vivas, Julianita.

—¿Cómo están vivas?

—Las estrellas son nuestros ancestros y son quienes permanecen en el cielo y nos vigilan desde arriba.

—¿Cómo nos vigilan?

—Bueno, cuando necesitamos orientación, podemos rezar a las estrellas y ellas pueden iluminar nuestro camino. Por ejemplo, antes de tener a Nacho, recé mucho a las estrellas para que me dieran una solución. Así se me ocurrió tejer bolsas de colores y después de venderlas, pude comprar a Nacho.

—¿Y Nacho fue la respuesta a tus oraciones?

—No, Nacho fue el resultado de mis oraciones. Al mirar las estrellas y permanecer en silencio, encontré la solución a mi necesidad.

—Qué hermoso, abuelita, me alegra que las estrellas te hayan iluminado y ahora tengamos a Nachito para jugar con él y ayudarnos en el trabajo.

—Yo también me alegro, Julianita, ahora realmente tenemos a Nacho. Las estrellas pueden ayudarnos, ahí reside la sabiduría de nuestros ancestros y si estamos atentos, podemos encontrar también las respuestas.

—¿Está tu mamá ahí, abuelita?

—Sí, Julianita, ahí están todas las personas que han pasado por aquí y son parte de Pachamama.

—Qué hermoso, abuelita, me alegra escuchar eso.

—Y a mí, Julianita, me alegra que las estrellas estén junto a nosotros.

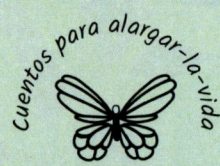

Cuentos para alargar-la-vida

**Mi querida Julianita**

© del texto: Iuliana Moisă
© de las ilustraciones: Adri Valenzuela
© del diseño y corrección: Equipo BABIDI-BÚ

© de esta edición:
Editorial BABIDI-BÚ, 2025
Avda. San Francisco Javier. 9. 6ª, 23
Edificio Sevilla 2
41018 - SEVILLA
Tlfn: 912.665.684
info@babidibulibros.com
www.babidibulibros.com

Impreso en España
Primera edición: julio, 2025

ISBN: 978-84-18017-79-7
Depósito Legal: SE 901-2025